DESPERTAR
DEL ESPACIO INTERIOR
A TRAVÉS DEL ARTE Y LA POESÍA

Por:

Madre psicoterapeuta licenciada y su hija artista.

(Con un estado de firma N.S.A. de la Sociedad Nacional de Artistas, en EE.UU.)

Teresa Piqué Algaze Espinoza   **Eugenia Algaze Garcia**
M.S.W.   L.C.S.W.   **B.B.A. M.B.A. N.S.A.**

Corriendo Entre Mundos
12x24 Tinta India en Tablero de Arcilla ©2013

♈ ♈

Esta obra fue seleccionada para representar el estado emocional de todos los que vivimos en este periodo de la historia, donde el grado de conflictos en diferentes niveles: individual, financiero, social, interracial, religioso, político o una mezcla de ellos, ya ha llegado a un punto de extrema preocupación, demostrando una necesidad de cambios: a nivel personal, nacional y mundial para mejorar la calidad de vida de cada ser humano y el medio ambiente que los sostiene. Esta obra de arte es, también, un auto retrato de la artista que refleja sus sentimientos al estar corriendo entre los diferentes "mundos" de ser esposa, madre, hija, chofer, cocinera, voluntaria, artista, dueña de negocios, amiga y más, encontrando un balance para preservar la calidad en todo lo que hace, enfocada agudamente en su gestión del tiempo y su propósito.

UN PREÁMBULO

♆♆

La estructura de este libro es la de un poema concreto: "El Entre Medio" (Entremedias) que refleja un tema en verso libre con un punto de vista omnisciente de la tercera persona. Este enseña algunos de los conceptos que están ocultos entre nuestros pensamientos. Esas pequeñas, pero cargadas extracciones, destacan nuestra presente manera de pensar y sus consecuencias, mientras que, al mismo tiempo, le dan estímulo e inspiración a la mente. Anidado, alternativamente, entre pinturas coloridas y provocadoras, el lector disfrutará de una única, absorbente y estimulante experiencia. La escritora es una psicoterapeuta multicultural y multilingüe, quien ha aumentado su discernimiento a través de sus casi 80 años de exposición personal y profesional a la condición humana. Las obras de su hija Eugenia representan la sabiduría de otra mujer educada, profesional, con cuatro décadas de inspiración, esfuerzo y tenacidad, donde ha practicado cómo reflejar sus creativas perceptivas, a través de sus obras de Mindful Art, Arte Consciente.

UNA DEDICACIÓN

♆♆

Al espacio entre nuestros pensamientos,
ese silencio fecundo donde nacen infinidades de ideas
y huracanes de entendimiento

y

a la potencia de la humanidad, en su constante búsqueda
de la justicia y sobrevivencia,
si está afincada y establecida en el amor.

<u>**TÍTULO DEL LIBRO**</u>

EL DESPERTAR
DEL ESPACIO INTERIOR
A TRAVÉS DEL ARTE Y LA POESÍA

UNA COLABORACIÓN ENTRE: UNA PSICOTERAPEUTA LICENCIADA Y
SU HIJA,
UNA ARTISTA CON ESTADO DE FIRMA N.S.A.
POR
LA SOCIEDAD NACIONAL DE ARTISTAS (U.S.A).
© 2024

<u>**CONTENIDO**</u>

LA EXPRESIÓN DE PENSAMIENTOS
PARA ESTIMULAR LA CONCEPCIÓN
DE SOLUCIONES CREATIVAS
CON OBRAS DE ARTE Y POESÍA EN VERSO LIBRE

POR

Teresa Piqué Algaze Espinoza L.M.S.W. L.C.S.W.
Eugenia Algaze Garcia B.B.A. M.B.A. N.S.A.

NOTA DE LA AUTORA

La razón de este collage de arte y pensamientos es para estimular el estado de conciencia que puede impulsar al lector iluminado a actuar con buena voluntad, por el bien común. Este se despierta cuando exploramos a fondo lo que pensamos y lo que hacemos, es un momento en el tiempo, cargado de posibilidades que pueden influenciar positivamente nuestras percepciones, hábitos, y acciones autómatas. Es desde ese estado del ser interno que podemos ver nuevas perspectivas sobre nosotros mismos y sobre la presente condición humana. Estudia las posibilidades y haz lo que puedas hacer hoy, para comenzar a traer o ser, una solución, ya sea individual o colectiva.

METAS DEL LIBRO

- DESPERTAR LA NECESIDAD DE PREGUNTAR SOBRE TU PAPEL ACTUAL EN EL MUNDO.

- PROVOCAR UNA NECESIDAD EN EL ENFOQUE DE LAS DISPARIDADES QUE CAUSAN DOLOR, SUFRIMIENTO Y RECONOCER TU PODER PARA SER TÚ UNA INFLUENCIA ESPECIAL   PARA PODER ALIVIARLAS AL MICRO O MACRO NIVEL.

- AYUDAR A CONECTAR LA CONCIENCIA, EL CONOCIMIENTO Y LA NECESIDAD HUMANA PARA SER UN INSTRUMENTO DE CAMBIO MIENTRAS TE EXPONES A LA EXPERIENCIA DE UNA ILUMINACION MENTAL Y ESPIRITUAL A TRAVÉS DEL ARTE Y LA POESÍA.

- RECONOCER LA CAPACIDAD HUMANA DE AMAR, COOPERAR Y VIVIR EN ARMONÍA.

- DIRIGIR LOS PENSAMIENTOS HACIA LA POSIBILIDAD DE UNA HUMANIDAD JUSTA.

ÍNDICE

English in black   ♀♀   Español en azul.

♀♀

BIBLIOGRAFÍA

🏆 🏆

<u>Santa Biblia</u> Texto Bíblico © 1960 Sociedades Bíblicas en América Latina Holman Bible Publishers (from Versión Reina/Valera 1960). Usada con permiso: Isa. 60:1; I Ths. 3:12; Ps. 3:5; Col. 1:21; Job 37:16; Isa. 44:3; Prv. 3:6; Ps.67:4; 2Cor. 4:18; Job 31:6; Ps. 119:159; Ps. 18:28; Mt. 25:45, 46; Ezq.17:10.

Al-Nawawi, El Iman. <u>El Paso Hacia el Paraíso: Dichos de Muhammad el Enviado de Dios.</u> Segunda Edición <u>1995</u>. Publicaciones Amana   1994. Cita del <u>Sagrado Corán.</u> (11:6) Capítulo 53, Pg. #83.

Gibran, Kahlil, <u>El Profeta.</u> 1ra. Edición:1926. Impresión #31, 1991 Publicado por Alfred A Knopf, Inc. Pg. 32

Heine, Vivian L. LMSW- ACP LSOTP & Lewis, Diana G. LPC, LSOTP <u>Ventura Manual</u> Pgs.30-38. Usada con permiso.

Shakespeare, William. <u>Hamlet</u> Act iii Es.1.

<u>Wikipedia</u> Texto bajo CC- BY- SA licencia. Definición de "Ubuntu"

MINDFUL ART

MINDFUL ART, ES UN ARTE CONSCIENTE:
Arte que reconoce la realidad de diferentes maneras.
Arte que explora y expande la imaginación a través de la conciencia.
"Cuanto Más Tiempo Mires..., Cuanto Más Verás."

LA SERIE DE LOS GIRASOLES
Eugenia Algaze Garcia © 2010

"DEJANDO BRILLAR EL AMOR"

Isa. 60:1

"LEVÁNTATE, RESPLANDECE, PORQUE HA VENIDO TU LUZ Y LA GLORIA
DE JEHOVÁ HA NACIDO SOBRE TI."

ENTREMEDIAS / EL ENTRE MEDIO

(Poema en Verso Libre)

Por: Teresa Piqué Algaze Espinoza

L.M.S.W. L.C.S.W.

© 2024

SOBRE NUESTRA ESENCIA ESPIRITUAL
****

ENTRE EL POEMA Y LA PROSA
LA CÁRCEL DE LA RIMA.

ENTRE LA INSPIRACIÓN Y EL POEMA
CONTACTO CON EL AGUA QUE FLUYE, EN EL RÍO DEL SILENCIO,
UN BRINDIS Y UNA CANCIÓN.

ENTRE LA AURORA Y EL CREPÚSCULO
COMIENZA UN DÍA Y TERMINA UNA NOCHE,
EL PASO DEL TIEMPO EN SU PROCESIÓN DIARIA
CON LA HUMANIDAD: UNOS SUFRIENDO, OTROS GOZANDO
Y YA MUCHOS BUSCANDO CÓMO MEJORAR.

ENTRE SER Y VIVIR
EL REGALO DE UN SOPLO DE VIDA.
ASÍ COMO, LA LUZ Y EL AGUA ABREN UNA SEMILLA,
LA VIDA Y EL AMOR CREAN UNA IDENTIDAD
TODOS OBSEQUIOS DE NUESTRO CREADOR.

UBUNTU
Yo soy, porque nosotros somos

"Ubuntu es una palabra de un idioma Sur Africano que quiere decir humanidad o humanizado. Es una filosofía social, un punto de vista global y ético. Promueve la obligación y la responsabilidad de humanos hacia el bienestar de uno al otro y hacia el medio ambiente. Está basado en la creencia de que una persona es persona a través de otros y que la humanidad es un producto de la socialización y de buenos valores sociales. Esto implica igualdad y dignidad. Estos valores y prácticas hacen a las personas seres humanos auténticos donde su sentido de quiénes son, está formado por su relación con otros". (Definición de Wikipedia)

RE-KINDLED SPIRITS  ESPÍRITUS REAVIVADOS

I Ths. 3:12

"Y EL SEÑOR OS HAGA CRECER Y ABUNDAR EN AMOR
UNO PARA LOS OTROS Y PARA CON TODOS,
COMO TAMBIÉN LO HACEMOS NOSOTROS PARA CON VOSOTROS.

<u>**SOBRE AMOR, PASIÓN, CONFLICTOS Y ARMONÍA**</u>
****

ENTRE LA RAZÓN Y LA PASIÓN
EL CAMPO DE BATALLA DEL ALMA,
HORMONAS Y ADRENALINA
CONTRA
LA LÓGICA Y LA MORALIDAD.

ENTRE DOS CORAZONES
HAY MILLONES DE ILUSIONES,
LA REALIDAD
SINCRONIZA O DESINCRONIZA
SUS CORAZONES.

ENTRE ALMAS ARMÓNICAS
UN COSMOS DE ALEGRÍA.

ENTRE DOS SERES DESINCRONIZADOS
MONTAÑAS DE CONFLICTOS
CON MUCHÍSIMAS
POSIBILIDADES PARA SOLUCIONARLOS.

OSTRICH BULL BOOTS WITH ORANGE CRUSH SOUL

BOTAS DE TORO AVESTRÚZ CON ALMA QUE DESTROZA NARANJAS

FOOTSIES AND PARADIGMS   PIECESITOS Y PARADIGMAS

****

ENTRE LOS ESPOSOS Y LAS ESPOSAS CONECTADOS
A TRAVÉS DEL AMOR

AMOR, AMISTAD, TERNURA, CUIDADO MUTUO, ALEGRÍA,
COLABORACIÓN, RESPETO, HUMOR, SATISFACCIÓN
Y MUCHO ESPACIO.

ENTRE DOS PASOS AL FRENTE

LA EXPECTATIVA DE LO PLANEADO.

ENTRE DOS PASOS ATRÁS

LA PÉRDIDA DE LO QUE NO FUE.

ENTRE MI MEJOR PERSONA
Y
LA PERSONA QUE QUISIERA SER

LA BÚSQUEDA DE MI PROPIO DESPERTAR.

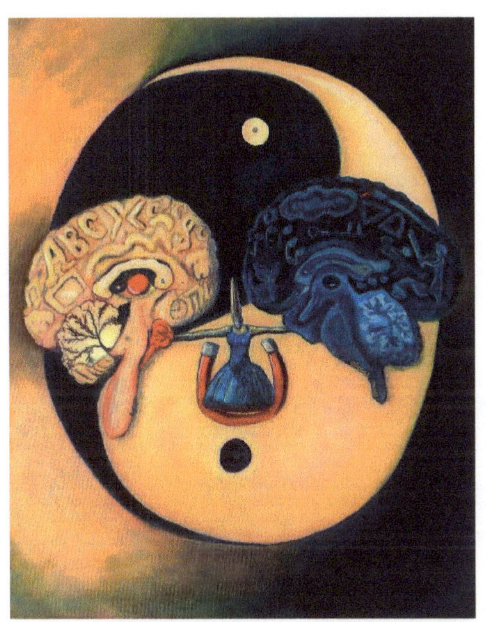

OPPOSITES ATTRACT A BALANCED DICHOTOMY

LA ATRACCIÓN DE LO OPUESTO, UNA DICOTOMÍA BALANCEADA

PROTECT AND DEFEND

PROTEGER Y DEFENDER

Ps. 3:5

"YO ME ACOSTÉ Y DORMÍ, Y DESPERTÉ, PORQUE JEHOVÁ ME SUSTENTABA"

ENTRE LA ALEGRÍA Y LA TRISTEZA
NUESTRA ALMA DORMIDA.
LA FELICIDAD, EL HUMOR Y LA SATISFACCIÓN BRILLAN,
CUANDO SE DESPIERTA LA ALEGRÍA.
LA AFLICCIÓN, LA INSEGURIDAD Y EL MIEDO CRECEN,
CUANDO ENTRA LA TRISTEZA.
AMBAS SON COMPAÑERAS INTERMITENTES
EN NUESTRO PASEO DIARIO.

ENTRE EL AMOR Y EL ODIO
DECEPCIÓN, DESLEALTAD,
ESPONTÁNEOS Y RECURRENTES CONFLICTOS,
REMORDIMIENTOS Y ARREPENTIMIENTOS,
UN SENDERO DE CORAZONES PARTIDOS,
HOGARES DESTRUÍDOS, ALMAS PERDIDAS.

ENTRE LAS LÁGRIMAS DE LA INFIDELIDAD
SE AHOGA LENTAMENTE UN AMOR.

ENTRE LA CULPA Y EL PERDÓN
CON VOLUNTAD SINCERA,
UN DERRAME DE AMOR,
ENERGÍA RENOVADA,
UN SEGURO DE PAZ.

YIN & YANG MEET

🏆🏆

EL ENCUENTRO ENTRE YIN Y YANG

Col. 1:21

🏆🏆

"Y A VOSOTROS TAMBIÉN QUE ERAS EN OTRO TIEMPO EXTRAÑOS
Y ENEMIGOS EN VUESTRA MENTE, HACIENDO MALAS OBRAS,
AHORA OS HA RECONCILIADO"

****

ENTRE PALABRAS DE ALIENTO
LA ESPERANZA NACE Y CRECE.

ENTRE EL HABLAR Y EL ESCUCHAR
COMPRENSIÓN:
SI PREVALECE UNA ACTITUD DE BUENA VOLUNTAD
CON INTENCIÓN ENFOCADA Y ATENCIÓN RECEPTIVA
PERO SOLO SI ERES CAPAZ DE RECONOCER LAS DISTORCIONES
HECHAS POR LOS FILTROS MENTALES,
BASADAS EN TUS EXPERIENCIAS PREVIAS,
QUE AUTOMÁTICAMENTE TRATAN DE CAMBIAR
TU PERCEPCIÓN.

ENTRE LA VERDAD Y LA MENTIRA
DUDAS SIN LÍMITES,
LA CONFIANZA PARALIZADA

ENTRE LO CORRECTO Y LO INCORRECTO
INTEGRIDAD SIN DUDAS VS. DECEPCIONES Y MEDIAS VERDADES,
SOMNOLENCIA, INHABILIDAD
O NEGLIGENCIA PARA DETERMINAR

ENTRE EL AMOR Y EL DESPRECIO
EL DOLOR AGUDO DE LA INDIFERENCIA,
EL LUTO POR LOS SUEÑOS PERDIDOS.

OUT ON A LIMB ♗♗ EN UNA EXTREMIDAD

Job 37:16

♗♗

"¿HAS CONOCIDO LAS DIFERENCIAS DE LAS NUBES (EN SU BALANCE) LAS
MARAVILLAS DEL PERFECTO EN SABIDURÍA?"

****

ENTRE EL INHALAR Y EL EXHALAR
RESPIRACIÓN: UN INTERCAMBIO DE GASES
REQUISITOS PARA VIVIR.

ENTRE EL PELO Y LOS PIES
CARNE, HUESOS, DIENTES, ENERGÍA
REQUISITOS PARA EXISTIR.

ENTRE EL COMER Y LA LUMBRE
INSTINTO, HAMBRE Y COSTUMBRE
REQUISITOS PARA SOBREVIVIR.

ENTRE LA SOPA Y LA LENGUA
APETITO, DISPONIBILIDAD, UNA CUCHARA,
SABOR, HABILIDAD,
REQUISITOS PARA CRECER.

DREAMING OF ICE CREAM      SOÑANDO CON EL HELADO

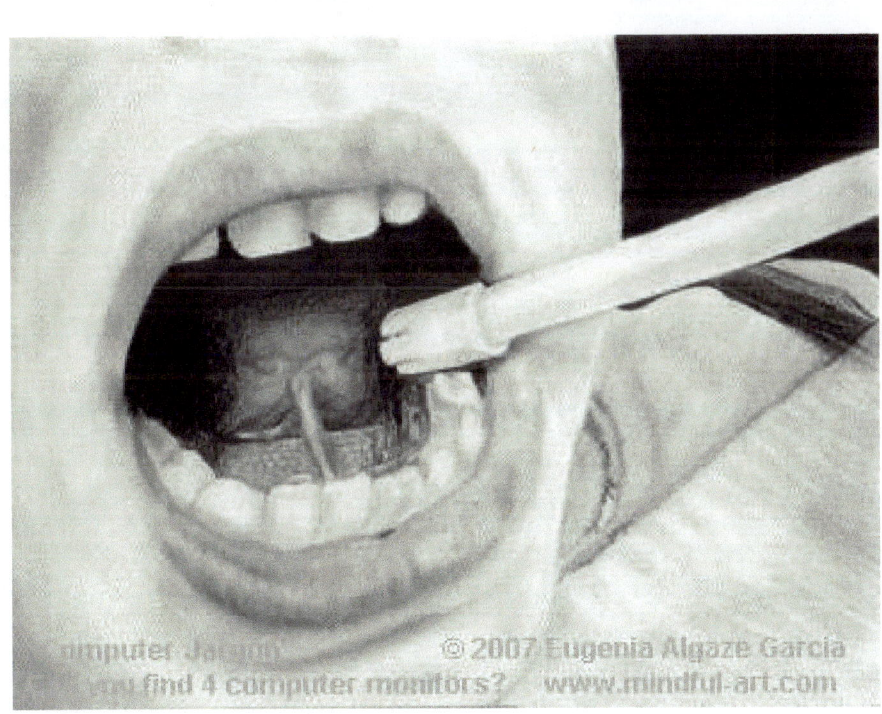

COMPUTER JARGON   JERGA INFORMÁTICA.

THIRSTY   SEDIENTO

Isa. 44:3

"PORQUE YO DERRAMARÉ AGUAS SOBRE EL SEQUEDAL (SEDIENTO)
Y RÍOS SOBRE LA TIERRA ÁRIDA.
MI ESPÍRITU DERRAMARÉ SOBRE TU GENERACIÓN
Y MI BENDICIÓN SOBRE TUS RENUEVOS."

SACIANDO NUESTRAS NECESIDADES

****

ENTRE LA SED, LA SACIEDAD, Y EL NO AHOGARSE
EL PODER DEL AGUA, UN MAR DE FRESCURA,
LA POTENCIA DE UN DILUVIO,
EL HABER APRENDIDO A NADAR O NO.

ENTRE DOS CHISPAS DE FUEGO
EL TEMOR DE UN INCENDIO
Y EL CALOR DE UN HOGAR.

ENTRE MI EXPECTATIVA Y SU LOGRO
INTENCIÓN, ENFOQUE, UN PLAN, DETERMINACIÓN, UN PRIMER PASO,
PERSISTENCIA, ORACIONES
E
IMPULSO.

ENTRE EL ENTUSIASMO Y EL RENDIRSE
PERSISTENCIA Y CONSISTENCIA
APRENDE A ADAPTARTE, APRENDE A CUÁNDO SOLTAR

DOG PADDLING ON THE CURRENT, SHE SWIMS TO THE LEFT

NADANDO COMO EL PERRITO, ELLA NADA HACIA LA IZQUIERDA

Prv. 3:6

"RECONÓCELO EN TODOS TUS CAMINOS
Y ÉL
ENDEREZARÁ TUS VEREDAS".

<u>**SOBRELA VIDA, EL TRABAJO Y EL TRAUMA**</u>
****

ENTRE EL TRABAJO Y EL DESCANSO

ESFUERZO, SATISFACCIÓN, ORGULLO, SI SE HACE CON AMOR.
UN PESADO PESO, SI ASÍ NO SE HACE.
AL FINAL, ALIVIO Y RECOMPENSA, MATERIAL Y ESPIRITUAL.
RESENTIMIENTO Y AMARGURA SI SE HA PERCIBIDO ABUSO.

ENTRE EL DOLOR DEL TRAUMA Y LA TRANQUILIDAD

UN ESPÍRITU DAÑADO, LAS MEMORIAS DE LO PASADO,
LA EXPRESIÓN DE LAS PÉRDIDAS Y DE LA VALIDEZ DEL SER HERIDO,
AMOR Y ACEPTACIÓN, INTEGRIDAD RECUPERADA.

ENRE LAS CICATRICES Y EL PERDÓN

UN VIAJE LARGO EN CAMINO A LA RECUPERACIÓN,
ACELERADO POR LA DIVINA PROVIDENCIA.

ENTRE EL MIEDO Y EL PÁNICO

UNA SOBRECARGA DE ADRENALINA,
ACELERADO POR LA AUSENCIA DE LA FE.

SCIATIC   CIÁTICA

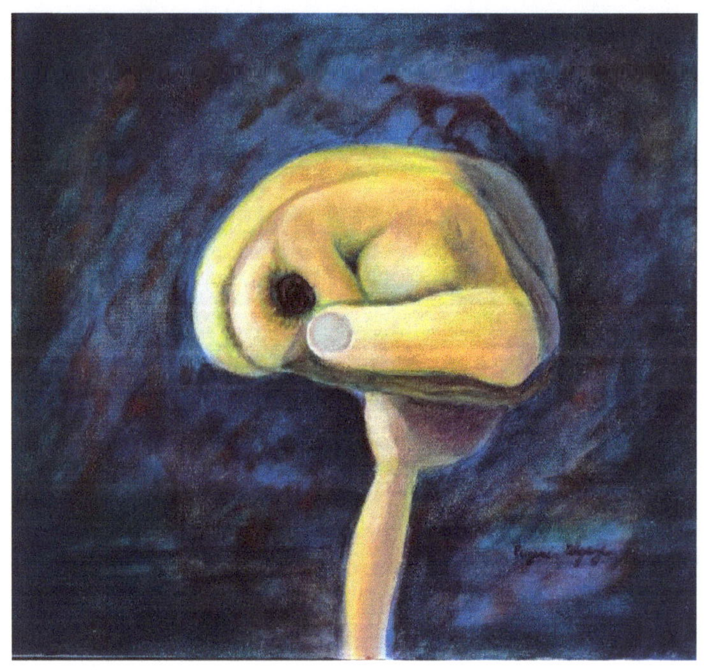

MIGRAINE HEADACHE   MIGRAÑA

SOBRE LA SALUD Y LA SANIDAD

****

ENTRE EL DOLOR Y LA CURA
AMOR INTERNO, ESPERANZA, TOLERANCIA,
APLICACIÓN DE CONOCIMIENTOS MÉDICOS,
FE, AMOR EXTERNO, PENSAMIENTOS POSITIVOS Y PACIENCIA.

ENTRE LA ENFERMEDAD Y LA SALUD
PROVISIÓN DE CUIDADOS, DESCANSO, REMEDIOS,
CON TIEMPO PARA LA RECUPERACIÓN,
UNA COMPRENSIÓN DE NUESTRO PODER
DADO POR DIOS PARA SANAR
Y
EL PAPEL Y LA FUERZA DE LA ORACIÓN.

ENTRE UNA FLOR FRESCA Y UNA MARCHITA
LA NECESIDAD DE AGUA, LUZ Y CUIDADOS,
LA MARCA DEL PASO DEL TIEMPO.

ENTRE MI DOLOR Y EL DE OTROS
NACE LA EMPATÍA, OPORTUNIDAD PARA CRECER
MIENTRAS ACTÚAS SOBRE EL ALIVIO DEL DOLOR MUTUO

DOS EXTREMOS

PERCHED   POSADO

OUTER BANKS   FUERA DE LÍMITES

<u>ENTRE LA FANTASÍA Y LA REALIDAD</u>

****

ENTRE LA REALIDAD OBJETIVA Y EL UNIVERSO ENTERO UNA
MASA FÍSICA DE INFORMACIÓN,
LA REALIDAD VIRTUAL DE ILUSIONES,
ALTA SIMETRÍA Y MENGUANTE ENTROPÍA.
¿SERÁ UN POSIBLE SIMULACRO?

ENTRE LA FANTASÍA Y LA REALIDAD
LA NECESIDAD DE CREAR SITUACIONES DE SIMULACIÓN QUE
PUEDAN CUBRIR EL MIEDO DE AHOGARNOS
EN EL OCÉANO DE LA VIDA.

ENTRE LA FANTASÍA Y EL BORDE DE LA REALIDAD
SUEÑOS HIPNOGÓGICOS Y HIPNOPÓMPICOS
QUE MEZCLAN SENSASIONES DE DESPERTAR Y SOÑAR,
EL PERSISTENTE LLAMADO DE LA RESPONSABILIDAD.

ENTRE LA FANTASÍA Y EL CENTRO DE LA REALIDAD
EL PAGO DE LA HIPOTECA, UN DOLOR DE MUELAS,
UN CORAZÓN ROTO,
LA NECESIDAD DE CUIDAR A UN SER VIVIENTE
EN NUESTRO ALCANCE POR LA HUMANIDAD,
DESCENDENCIA Y TRASCENDENCIA,
REQUISITOS PARA TRIUNFAR.

PREREQUISITOS PARA TRIUNFAR

SERENDIPITY & SAGACITY

SERENDIPIA Y SAGACIDAD

A BRIEF MOMENT OF CLARITY

UN MOMENTO DE BREVE CLARIDAD

<u>**SOBRE DAR Y RECIBIR**</u>

****

ENTRE EL LUJO Y LA POBREZA

GOCE EXCESIVO, DOLOR INNECESARIO
APOYADO POR UN FALSO SENTIDO DE LIBERTAD.
MUCHOS CON LUJOS, OTROS MÁS EMPOBRECIDOS,
ALGUNOS ALIVIADOS, NADIE SATISFECHO.
LA AVARICIA INSTITUCIONALIZADA, UNA HUMANIDAD ROTA

ENTRE EL ORGULLO Y LA ARROGANCIA
HAY UN EGO QUE SE EXPANDE.

ENTRE LA HUMILDAD Y LA JACTANCIA
UNA MENTE SIN PRETENSIONES,
UN CORAZÓN EXALTADO
Y UN EXCESO DE ORGULLO.

ENTRE LA NECESIDAD Y LA CONCIENCIA SOCIAL
LA BENEVOLENCIA NATURAL DEL SER HUMANO,
EMPATÍA Y UN PLAN DE ACCIÓN PARA ALIVIARLA,
UNA DECISIÓN EN MASA
BASADA EN UN AFORTUNADO GOLPE DE SERENDIPIA.

EL MILAGRO DE LA BENEVOLENCIA
CONVIRTIÉNDOSE EN UNA ADICCIÓN.

TIED UP FOR THE HOLIDAYS

EL PROFETA POR KAHLIL GIBRAN (Pg. 42-43)

Entre la esclavitud y la libertad: "Las cadenas de nosotros mismos como eslabones de luz y sombra que se aferran alternativamente alrededor de nuestras almas y de nuestras mentes.
¿Y cómo puedes escalar más allá de tus días y tus noches si no rompes las cadenas, que tú, en el amanecer de tu entendimiento, has abrochado alrededor de tu medio día?
En verdad, eso, que tú llamas libertad, es la más fuerte de esas cadenas, aunque sus eslabones brillan en el sol y te deslumbran tus ojos".

SOBRE OTRAS CADENAS QUE NOS ATAN

****

SOBRE LA MEDIOCRIDAD Y LA SUPERIORIDAD

ENTRE MEDIOCRIDAD Y LA EXCELENCIA
AMOR, CONOCIMIENTO, MOTIVACIÓN,
ESFUERZO, ACCIÓN, PASIÓN, SATISFACCIÓN,
RECOMPENSAS MATERIALES,
ESPIRITUALES, Y OTRAS INMATERIALES.

ENTRE LA SUPERIORIDAD Y LA INFERIORIDAD
EL FINAL DE LA LUCHA POR LA SUPREMACÍA,
LA HUMANIDAD EN UNANIMIDAD
INTEGRIDAD, ORDEN, LEGALIDAD Y PAZ.

SOBRE EL CRIMEN Y LAS LEYES

ENTRE EL PENSAMIENTO ILEGAL Y EL CRIMEN
NEGACIÓN DEL GRADO DE LAS CONSECUENCIAS POTENCIALES,
AUSENCIA DE EMPATÍA CON UN MAL SENTIDO DE DERECHO,
Y DESOBEDIENCIA A LA LEY.

ENTRE EL CRIMEN Y EL JUICIO O LA AUDIENCIA
AGONÍA Y ANSIEDAD, PÉRDIDA DE TIEMPO, DINERO Y REPUDIACIÓN.

PENSAMIENTOS POLÍTICOS

****

PATRIOTIC MUSINGS   REFLEXIONES PATRIÓTICAS

Ps. 67:4

"ALÉGRENSE Y GÓCENSE LAS NACIONES!
PORQUE JUZGARÁ LOS PUEBLOS CON EQUIDAD
Y PASTOREARÁ LAS NACIONES EN LA TIERRA"

SOBRE LA POLÍTICA DESVIADA

****

ENTRE PARTIDOS EXTREMADAMENTE OPUESTOS
ENTENDIMIENTO ENTEBRECIDO,
LA PARÁLISIS GUBERNAMENTAL.

**ENTRE GUERRA, GUERRA Y GUERRA
Y TODAS LAS GUERRAS CONTINUAS**
EL IMPLANTADO HÁBITO DE PELEAR, ADICCIONES TERRITORIALES,
OBSESIÓN CON EL PODER,
AVARICIA,
LA CRUELDAD Y LA VIOLENCIA INSTITUCIONALIZADAS,
MUERTE,
CUERPOS HERIDOS,
ESPIRITUS DAÑADOS,
MENTES TRAUMADAS.

ENTRE UN ARMA NUCLEAR VIEJA Y UNA NUEVA
UNA HISTÓRICA E INTENCIONAL EXTERMINACIÓN DE
INNUMERABLES SERES VIVIENTES,
EL AUMENTO DE LAS EXPECTATIVAS DEL
CRECIMIENTO DE SUS NÚMEROS,
MENOR PROBABILIDAD PARA
EL MEJORAMIENTO DE LA HUMANIDAD,
EL CONSTANTE DESDÉN DE
LAS NECESIDADES HUMANAS,
UNA AFRENTA DESVERGONZADA A NUESTRO CREADOR.

SOBRE NUESTRA EXISTENCIA

****

2 CORINTHIANS   2 CORINTIOS

2Co. 4:18

“NO MIRANDO NOSOTROS LAS COSAS QUE SE VEN, SINO LAS QUE NO SE VEN: PUES LAS COSAS QUE SE VEN SON TEMPORALES, PERO LAS QUE NO SE VEN, SON ETERNAS”.

INSIDE OUT   DE REVÉS

<u>SOBRE NUESTRA EXISTENCIA</u>

****

ENTRE EL ÁTOMO Y EL CIELO
LA ENERGÍA PRIMORDIAL, NUESTRA FUENTE DE RESPIRACIÓN,
LA CORRELACIÓN DE PARTÍCULAS ENTRELAZADAS,
NUESTRAS MÁS ALTAS METAS.

ENTRE ELECTRONES, PROTONES, HONDAS Y PARTÍCULAS
DUALIDAD, OBSERVACIÓN Y SUPERPOSICIÓN.
¿LACREACIÓN DE NUESTRA REALIDAD?

ENTRE EL ESPACIO Y EL TIEMPO
¿UN UNIVERSO HOLOGRÁFICO?
¿LA ILUSIÓN DE NUESTRA REALIDAD?
UN EXISTENCIAL VACÍO,
LA INCUBADORA DE LA ESPERANZA.

ENTRE EL PUNTO A Y EL PUNTO B
EN EL ESPACIO ENTRE DOS PROTONES, UN AGUJERO ESPACIAL,
LA PARADOJA DEL ENTRELAZAMIENTO,
EL PODER DE LA ORACIÓN
CON UN NUEVO Y MEJOR FUTURO PARA LA HUMANIDAD.

THE MONEY TREES   LOS ÁRBOLES DEL DINERO

ADAM ADÁN   EVE EVA

"IN GOD WE TRUST" SEEDLINGS SERIES"

THE MONEY TREE SEEDLINGS   PLÁNTULAS DEL ÁRBOL DEL DINERO

EL SAGRADO CORÁN 11:6

"DIOS -ALABADO SEA-DICE: NO HAY CRIATURA QUE SE MUEVA EN LA TIERRA, CUYO SUSTENTO NO PROVENGA DE DIOS".

<u>**SOBRE LOS INTERCAMBIOS**</u>

****

ENTRE INTERCAMBIOS COMERCIALES
AVARICIA O SU AUSENCIA, AMOR O DESAMOR,
BONDAD Y JUSTICIA O SUS AUSENCIAS
Y LA POTENCIA DEL EFECTO DE LA ACCIÓN DEL DOMINÓ.

ENTRE LA OFERTA Y LA DEMANDA
NECESIDADES Y DISPONIBILIDAD, PODER DE ADQUISICIÓN,
LA RESPONSABILIDAD DEL PROVEEDOR DE NO ABUSAR,
UN RESPETO INDIVIDUAL POR LAS LEYES HUMANAS Y RELIGIOSAS,
EL DESARROLLO DE UNA NUEVA CONCIENCIA SOCIAL
CON INTEGRIDAD.

ENTRE DAR Y RECIBIR
ENTENDIMIENTO DE LA NECESIDAD,
UN DESEO Y HABILIDAD PARA REDUCIRLA,
HUMILDAD Y GRATITUD BILATERAL PORQUE
USTED HA SIDO DESIGNADO,
PARA SER UN INSTRUMENTO DE CAMBIO,
YA SEA
EL DONANTE O EL RECEPTOR.

THE BALANCE GAME  EL JUEGO DEL BALANCE

Job 31:6

"PÉSEME DIOS EN BALANZA DE JUSTICIA
Y CONOCERÁ MI INTEGRIDAD"

<u>SOBRE EL AUTOCONTROL</u>

****

ENTRE EL BIEN Y EL MAL

UN MAR DE CONFUSIONES CON UNA PROPUESTA DE CLARIDAD,
TOMA LAS DECISIONES RESPALDADAS POR TUS VALORES.
CON EL ANHELO DE TENER LOS DOS,
PRIMERO: UN YO MEJOR, SEGUNDO: UN MUNDO MEJOR.

ENTRE TUS IMPULSOS Y COMPORTAMIENTOS DAÑINOS

LAS TÁCTICAS QUE TODOS USAMOS PARA EVITAR TOMAR
RESPONSABILIDAD, COMO:
"Negación, culpar, racionalizar, proyectar, mentir, redefinir, fingir, minimizar,
asumir, furia, confusión, a mi manera, poder, soy muy bueno, falla en reconocer el
temor, super optimismo, evitando crítica", etc.
(Heine, Vivian Lewis LMSW -ACP LSOTP & Luis, Diana Garza LPC LSOTP
<u>Ventura Manual</u> (Pgs.30-38)

EL MAL HÁBITO DE NO QUERER ACEPTAR LA RESPONSABILIDAD DE
CADA ACCIÓN QUE DECIDES TOMAR O NO Y EL NO ANTICIPAR LAS
CONSECUENCIAS.

EL BLOQUEO DELIBERADO DEL CONOCIMIENTO DE
QUE LAS DECISIONES, DE CUALQUIER MANERA,
TIENEN UN EFECTO DIRECTO SOBRE TI
BASADO EN LA PROMESA BÍBLICA CONDICIONAL,
PARA PODER TENER VIDA ETERNA.
(Mt. 25:45-46)

Mt. 25:45-46

"EN CUANTO NO LO HICISTÉIS A UNO DE ESTOS MÁS PEQUEÑOS
(LOS HAMBRIENTOS, SEDIENTOS, FORASTEROS,
DESNUDOS, ENFERMOS, O EN LA CÁRCEL)
TAMPOCO A MÍ LO HICISTÉIS.
E IRÁN ESTOS AL CASTIGO ETERNO Y LOS JUSTOS A LA VIDA ETERNA"

GAINING MOMENTUM 🏆🏆 GANANDO IMPULSO

Ps.119:159

🏆🏆

"MIRA, OH JEHOVÁ QUE AMO TUS MANDAMIENTOS.
VIVIFÍCAME CONFORME A TU MISERICORDIA."

SOBRE GANANDO IMPULSO

****

ENTRE LA ZAETA Y EL TIRO AL BLANCO

LA DISTANCIA SELECCIONADA QUE TIENE QUE CRUZAR,
ENFOQUE, PUNTERÍA, DIRECCIÓN Y ACCIÓN.

ENTRE LA INERCIA Y LA ACCIÓN

EL PESO DEL OBJETO, LA DISPONIBILIDAD DE LA FUERZA,
UN PROPÓSITO CARGADO DE POSIBILIDADES.

ILUMINACIÓN MENTAL CON UN PLAN DE ACCIÓN
PARA QUE TÚ SEAS UN AGENTE DE ALIVIO.

LA NECESIDAD DE ENFOCARNOS EN LAS DISPARIDADES QUE
CAUSAN DOLOR Y SUFRIMIENTO.

EL RECONOCIMIENTO Y USO DE TU PODER PARA ACTIVAR TUS
ESFUERZOS EN MICRO Y MACRO NIVELES E IDENTIFICAR Y
BALANCEAR ESTAS DISPARIDADES.

LA VÁLIDA ANTICIPACIÓN DE LA POSIBLE REALIDAD DE UNA
HUMANIDAD JUSTA, MÁS AMOROSA, CUIDADOSA Y EMPÁTICA.

ENTRE UNA IDEA ALTRUISTA Y SU LOGRO

OBJETIVOS Y METAS,
FE, AMOR, CONFIANZA EN TU HABILIDAD, SALUD, ENERGÍA
PERSEVERANCIA,
CONFIANZA EN EL TODOPODEROSO QUE VA A GUIAR EL RESULTADO.

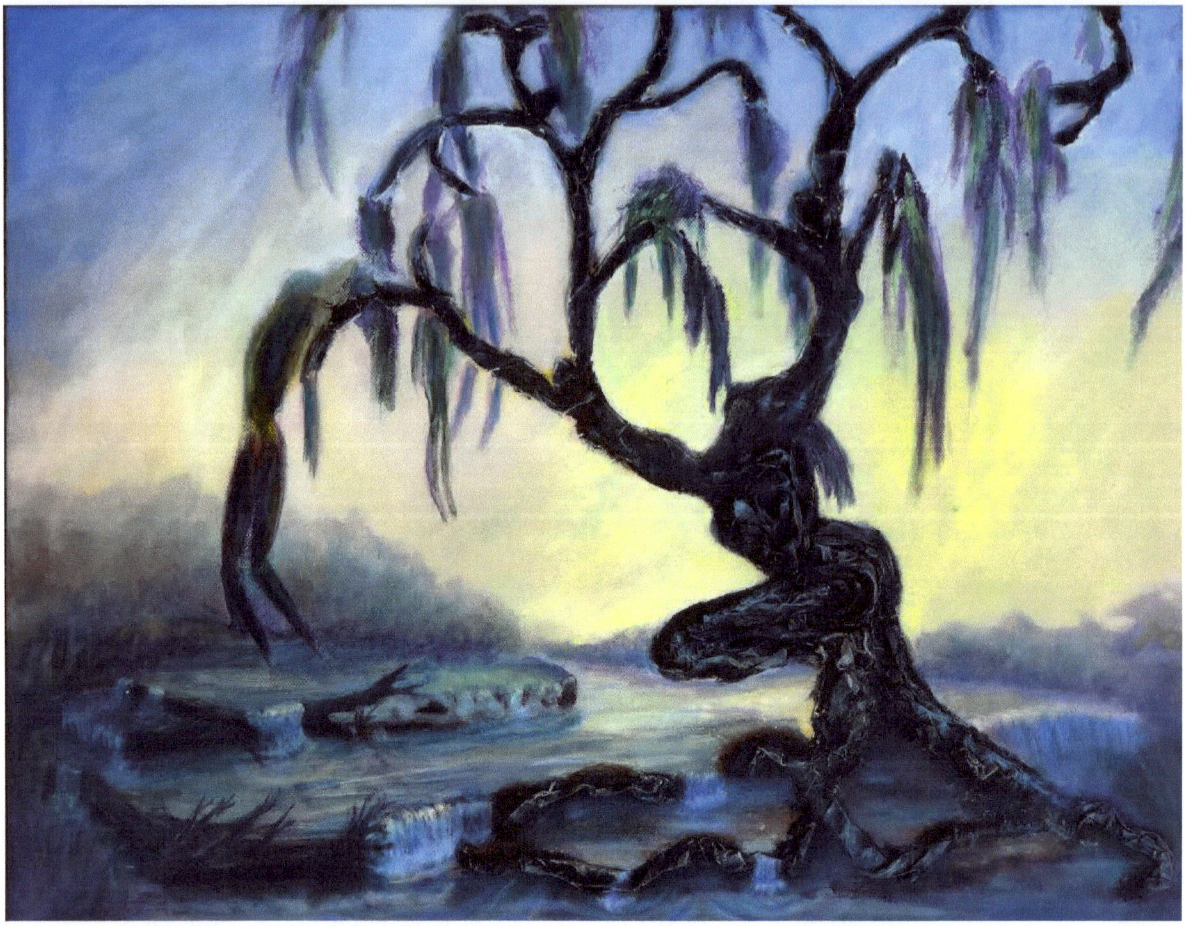

ENLIGHTENMENT ♆♆ ILUMINACIÓN DIVINA

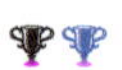

Ps.18:28

♆♆

"TÚ ENCENDERÁS MI LÁMPARA;
JEHOVÁ MI DIOS ALUMBRARÁ MIS TINIEBLAS"

<u>SOBRE EL AGRADECIMIENTO Y LOS LÍMITES HUMANOS</u>

****

ENTRE EL NACER Y LA MUERTE
NUESTRO ESPACIO DE VIDA,
SU SOPLO
QUE NOS IMPULSA Y NOS GUÍA
EN NUESTRO PASEO DIARIO
CON TODAS LAS POSIBILIDADES DE LA ALEGRÍA DE VIVIR
<u>PARA TODOS</u> LOS SERES HUMANOS.

ENTRE LA SIEMBRA Y LA SIEGA
TRABAJO, RECOMPENSA Y GRATITUD
A LA TIERRA, AL ESTADO DEL TIEMPO,
Y A LOS MAESTROS QUE TE ENSEÑARON A CULTIVAR,
PERO TANTO MÁS, A AQUEL QUE TE CREÓ A TI,
A LA TIERRA, AL ESTADO DEL TIEMPO, A LOS MAESTROS,
EL QUE TAMBIÉN TE PROVEE LA OPORTUNIDAD
PARA NUTRIRTE Y TE DA ALBERGUE Y EXISTENCIA.

ENTRE LA MUERTE Y LA ETERNIDAD
ALEGRÍA O REMORDIMIENTO,
UN ESPACIO INCIERTO PARA LAS PREGUNTAS.

Y…. YA CUANDO TODO ACABA,
ENTRE UN SUSPIRO Y LA MUERTE
EL DESPEGO DE LA MENTE Y….
LA ESPERANZA DE LA INMORTALIDAD.

"Ser o no ser? Esa es la pregunta"
Línea de apertura del Soliloquio de <u>Hamlet.</u>

ENIGMA

"¿Hacer o no hacer? Esa es la pregunta."
Línea de clausura del <u>Despertar del Espacio Interior…</u>

Ezq.17:10

♈♈

"Y HE AQUÍ, ESTANDO YA PLANTADA, ¿SERÁ PROSPERADA?
¿NO SE SECARÁ DEL TODO, CUANDO EL VIENTO SOLANO LA TOQUE?"

SPIRITUAL LABOR BEARING PEACE.		LABOR ESPIRITUAL PARA EL NACIMIENTO DE LA PAZ.
(A LABOR, OF LOVE)		(LABOR DE AMOR)

NOTA DE LA ARTISTA

<u>"Parto Espiritual Para El Nacimiento De la Paz"</u> fue inspirado durante los días de fiesta y por la similitud entre un parto natal de riesgo y las dificultades que han tenido los líderes de los países para obtener y mantener la paz. Esta aún es una pasada y presente realidad dada por: distintas razas, lenguajes, culturas, bases históricas, sistemas políticos y religiones, que ha impedido que ésta se encuentre. El amor y la paz, aunque escondidos, están presentes solo para ser encontrados, entregados, compartidos, y activados, durante una conjunta "Labor de Amor" que comienza a nivel individual."

QUE LA PAZ SEA UNA REALIDAD
CONCEBIDA, NUTRIDA, APLICADA Y SOSTENIDA.

¿COMO PUEDES <u>TÚ</u> HACER QUE ESTO SUCEDA?

SOBRE LA AUTORA

TERESA PIQUE ALGAZE – ESPINOZA
M.S.W. L.C.S.W.

Teresa Piqué Algaze-Espinoza, es una Psicoterapeuta especializada en comportamiento y trauma que utiliza técnicas de Terapia de Arte y de Consejería Espiritual con otros instrumentos clínicos para una cura más profunda dentro de su práctica. Ella, ya semi retirada, dispone de su tiempo y energía para cultivar y aplicar sus habilidades de escritora bilingüe más sus experiencias personales y profesionales, con sus conocimientos académicos. Doña Tere, como de cariño le llaman sus clientes es un cubana-americana que vino a los Estados Unidos como refugiada, en su adolescencia. Ella estudió en la Universidad de Connecticut graduándose con una especialización en Psicología, a mediado de los 70's, obteniendo una Maestría en Trabajo Social de la Universidad de Houston, en Houston, Texas, en los años 80's. Por diez años, trabajó como psicoterapeuta en clínicas y hospitales de salud mental y por tres años, como directora clínica y directora diputada en la agencia sin fines de lucro, El Chicano Family Center, en SE Houston. En el 1993, ella fundó El Arena Counseling Center Inc., donde fue: presidente, directora ejecutiva y psicoterapeuta, especializada en trauma emocional. Con las dos licencias requeridas, desde el Arena Counseling Center Inc., sirvió tanto a las víctimas de abuso como a los perpctradores a través de contratos de gobierno del Estado de Texas y de dos condados: Harris y Fort Bend, sirviendo a más de 9,000 clientes (85% Hispanos) desde 1993 al 2021. Teresa P. Espinoza, es miembro de la Sociedad Nacional de Trabajadores Sociales.

Sus pensamientos y sus poemas tienen un componente espiritual, profundo, que trasciende las fronteras Judeo-Cristianas.

Piqué-aze Productions
©2024

SOBRE LA ARTISTA
♈♈

EUGENIA ALGAZE GARCIA   B.B.A.   M.B.A.   N.S.A

Eugenia Algaze Garcia es una artista galardonada, reconocida como miembro de por vida por la NSA (Sociedad Nacional de Artistas). Eugenia usa su imaginación como un medio para crear arte en tinta, acrílico, acuarela, grafito, pastel suave y medios mixtos, reflejando energía que ella puede percibir de sus sujetos, en un estilo desarrollado por sobre 40 años que envuelve: observaciones de la belleza, a veces oculta, del mundo que nos rodea, así como, de la influencia y maestría provista por otros artistas, aplicada con amor y pasión a sus obras.

Durante su niñez, fue influenciada por sus maestros de arte en Hartford CT, donde ella nació, durante el aprendizaje de letras y símbolos escondidos entre formas y colores. También tuvo la influencia de Dr. Seuss y sus creativos giros sobre la realidad. El amor de su familia hacia el arte, además del gene artístico que se manifiesta en cada generación, facilitó que se expusiera al arte a una edad temprana, en el museo de arte Wadsworth Atheneum en Hartford, CT., donde conoció a los grandes maestros y sus distintas características y estilos: Leonardo da Vinci, y su conocimiento y curiosidad sobre cómo funcionan las cosas; El Surrealismo de Salvador Dalí, lleno de símbolos que estimulan el pensamiento, fue éste último el que más influenció su estilo, aunque todos ellos estimularon su creatividad, sin límites.

Pensando que su pasión por las artes iba a requerir apoyo financiero prosiguió con sus estudios en contabilidad obteniendo su B.B.A en la Universidad de Texas A&M en College Station, TX. Trabajó en el sector privado por un tiempo durante el cual recibió su licencia de CPA del Estado de Texas. Obtuvo un MBA de la Universidad de Houston en Clear Lake, ejerciendo hasta que se quedó en casa para criar a sus dos hijos. En el año 2003, su sueño de tener el arte como carrera se hizo realidad.

49

A través de más de cuatro décadas de experimentación, estudios y ejercicios persistentes para continuamente mejorar su expresión artística, Eugenia ha podido incrementar su exposición temprana al arte con nuevas técnicas ganadas durante: Cursos, talleres y libros de arte y muchas horas de practica para desarrollar su estilo para su creciente negocio de Mindful Art. Múltiples videos de arte y talleres de video transmitidos en vivo, como Eric Rhoads "Art School Live", han sido una fuente de formación continua para mejorar sus habilidades durante y después de los años de COVID.

El estilo de "Mindful Art" de Eugenia Algaze Garcia expresa una mezcla de realismo impresionista, simbolismo abstracto y surrealismo, al interpretar imágenes e ideas desde su mente usando la técnica de: "Cerebro Izquierda y Derecha" para comunicarse visualmente. Su arte también fue influenciado por la experiencia de confrontar la muerte en su niñez, por ser esposa, madre y abuela, y por la Psicología que aprendió de su madre, que ejerce como Psicoterapeuta en Texas.

Sus clases de arte son inspiradoras e instructivas, estimulando la creatividad de sus estudiantes. Sus numerosas exhibiciones, más su generosa participación en la comunidad le han dado a Eugenia Algaze Garcia reconocimiento como artista reconocida y notable. El soporte de otros artistas, patrones nuevos, amistades y familia han provisto la energía emocional para su desarrollo artístico.

En el año 2008, comenzó a trabajar como maestra de arte enseñando a los niños de escuela en casa, las técnicas de arte básicas y cómo pensar como un artista. Siguieron muchas peticiones para que continuara dando clases de arte a niños y también a adultos. Algunos de sus estudiantes de arte, han ganado premios por su arte en competencias.

El Arte de Eugenia Algaze Garcia ha sido reconocido local, nacional e internacionalmente. En la actualidad, enseña y exhibe su arte en el Fort Bend Art Center en Rosenberg TX. y también a través de otros medios. Es miembro de por vida del National Society of Artists, con estado de firma desde 2010. Tambien es miembro del Art League of Fort Bend, del Lone Star Art Guile, del Fort Bend Art Center, y de Dreamline Artists.

Eugenia Algaze Garcia
www.mindful-art.com

www.facebook.com/Mindful.Art.Eugenia.Algaze.Garcia

Pique-aze Productions
©2024

CONCLUSIÓN

La obra de arte seleccionada para ser la contraportada de este libro muestra imágenes de seres vivos, quienes aparentan estar en paz con ellos mismos y con su entorno, reflejando una sensación de bienestar que resulta de la expansión de la mente mientras se generan nuevas perspectivas. ¿Podría este ser un reflejo de los lectores?

 Es cultivando la conciencia, estudio, meditación y oración que un despertar espiritual puede tener lugar, donde el individuo puede hacer un cambio profundo en su comprensión de sí mismo, de los demás, y del mundo que lo rodea.

Tiene que haber una motivación para el cambio y una reducción de evitación experiencial. ¿Qué podría haber de impedimento, para tú, poder tener metas altruistas que puedan hacer de ti, una mejor persona, a tu familia una mejor familia, a tu comunidad, una más segura y a la tierra un mundo mejor? Es importante descubrir y aclarar valores turbios y creencias, para basar nuestros pensamientos y acciones en tierra firme, donde los compromisos y decisiones puedan fusionarse. Aceptación y cumplimiento con tus creencias y / o tus leyes religiosas, pueden proveer un camino estable para seguir, sin perder de vista esa Esencia Divina Universal que nos puede servir como un común denominador y también como una fuente del poder de unificación.

El arte y la poesía han sido utilizados aquí como una herramienta para despertar la conciencia. Si también te hemos entretenido y estimulado, para que tú, puedas hacer un impacto directo para el bien de la humanidad, entonces hemos cumplido nuestro propósito.

RECONOCIMIENTOS

🏆 🏆

Quisiera expresar mi gratitud:

- A mi hija, Eugenia, por su colaboración y asistencia al proveer su arte para la estructura de soporte de este libro y su asistencia técnica en la culminación del proyecto, a pesar de tener su tiempo muy ocupado, pintando, enseñando arte o cumpliendo con sus responsabilidades comunitarias y familiares.

- A mis nietos, Nicolas y Alexander Garcia, quienes proporcionaron tiempo de corrección de las porciones en inglés, así como, retroalimentación intelectual desde la perspectiva de los "Millennials" y la Generación Z.

- A mi esposo, Marco Antonio Espinoza, por su soporte y comprensión durante las muchas horas de familia usadas para completar esta obra.

- A los muchos colegas, subcontratistas, trabajadores de agencias privadas y gubernamentales, con los que trabajé y a los clientes que serví, durante mis 23 años en mi práctica privada de Psicoterapia, el Arena Counseling Center Inc. En SW Houston, Texas. Fue allí donde pude expandir mi conocimiento académico sobre la condición humana en sus muchas facetas y donde también, se comenzó a manifestar el despertar de mi propio espacio interior, a través de la multiplicidad de importantes situaciones de la vida real que requerían discernimiento diario.

- Al Poder Supremo que me inspiró, después de unos meses de silencio, oración y meditación, proporcionando el término medio de conceptos y posibilidades, la substancia para el poema El Entre Medio, (Entremedias), que le ha dado la estructura a este libro.

- Al Dr. Kenneth Ring, profesor emérito en Psicología de la Universidad de Connecticut, quien me introdujo a través de un curso de Psicología Social/Psicología Interpersonal en 1974, a la práctica de obtener Estados de Conciencia Alternativos usando la meditación, para tener acceso a la Consciencia Cuántica Universal, entonces aun no etiquetada. Sin su contribución, este libro no hubiera sido posible.

ARBOL DE YOGA POSE DE ÁGUILA -LÁPIZ / GRAFITO
ARBOL DE YOGA POSE DE ÁGUILA -ACRÍLICO

Estas dos obras fueron inspiradas por la posición de Yoga llamada el
Águila. La que está en lápiz/grafito fue un estudio sobre la que está en acrílico.
Además de la persona que funciona como tronco del árbol, no muy escondida
haciendo la pose Yoga, hay por lo menos un águila escondida en cada una, así como,
una persona rezando, mientras que las manos que oran se juntan en la base de cada
árbol.

DESCRIPCIÓN DEL LIBRO
❦❦

¿Alguna vez te has preguntado sobre las formas de pensar que todavía, en el siglo XXI   mantienen a los individuos y sus parejas, empleadores y empleados, sistemas religiosos y algunas naciones luchando, sin una aparente solución?

En este libro, una profesional de salud mental, especializada en trauma, emocional, presenta cápsulas de sabiduría para estimular el pensamiento, clarificar percepciones y posiblemente estimular al lector a pensar, buscar y aplicar nuevas soluciones creativas en su vida y en su entorno.

Breves expresiones de pensamientos están categóricamente, anidados alternativamente, entre pinturas originales, coloridas, provocadoras y también entre citas espirituales seleccionadas de diversas tradiciones religiosas: Judeo-Cristiana e Islámica. Esta autora y su hija artista, también reflejan su exposición a pensamientos hindúes y budistas, así como a la meditación de mente-consciente.

❦❦
¡Leyendo este libro, usted va a disfrutar de una experiencia:
única, entretenida, absorbente, estimulante y práctica!
❦❦